Male für jede Seite, die du bearbeitet hast, einen Stern aus!
Viel Freude!

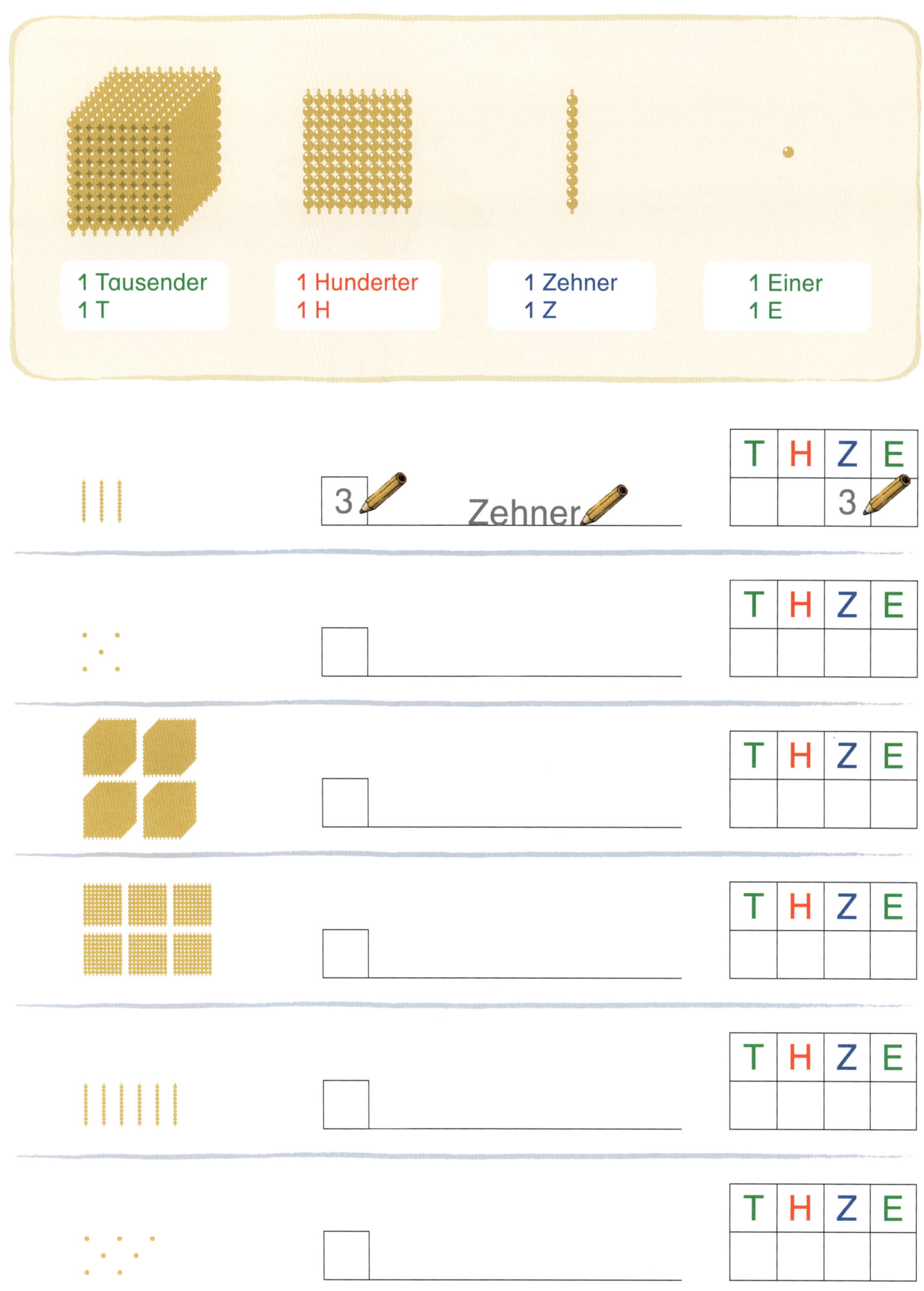

| 1 Tausender | 1 Hunderter | 1 Zehner | 1 Einer |
| 1 T | 1 H | 1 Z | 1 E |

T	H	Z	E
			3

3 Zehner

T	H	Z	E

T	H	Z	E

T	H	Z	E

T	H	Z	E

T	H	Z	E

Lösungen: 3 Zehner, 7 Einer, 4 Tausender, 6 Zehner, 5 Einer, 6 Hunderter

Trage in die Stellentafel ein!

T	H	Z	E
		2	5

25

T	H	Z	E
			0

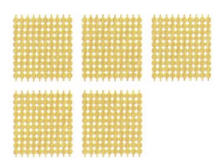

T	H	Z	E

T	H	Z	E

T	H	Z	E

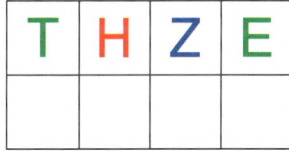

T	H	Z	E

T	H	Z	E

T	H	Z	E

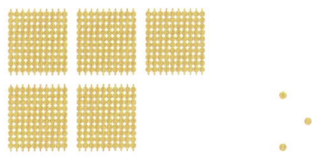

T	H	Z	E

Zweihundertdreiundvierzig

H	Z	E
2	4	3

243

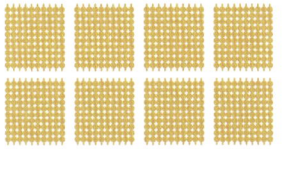

H	Z	E

H	Z	E

H	Z	E

H	Z	E

H	Z	E

Lösungen: 243, 165, 528, 689, 876, 332

H	Z	E
		3
		5
		8

von unten nach oben
5 E plus 3 E gleich 8 E

5	+	3	=	8

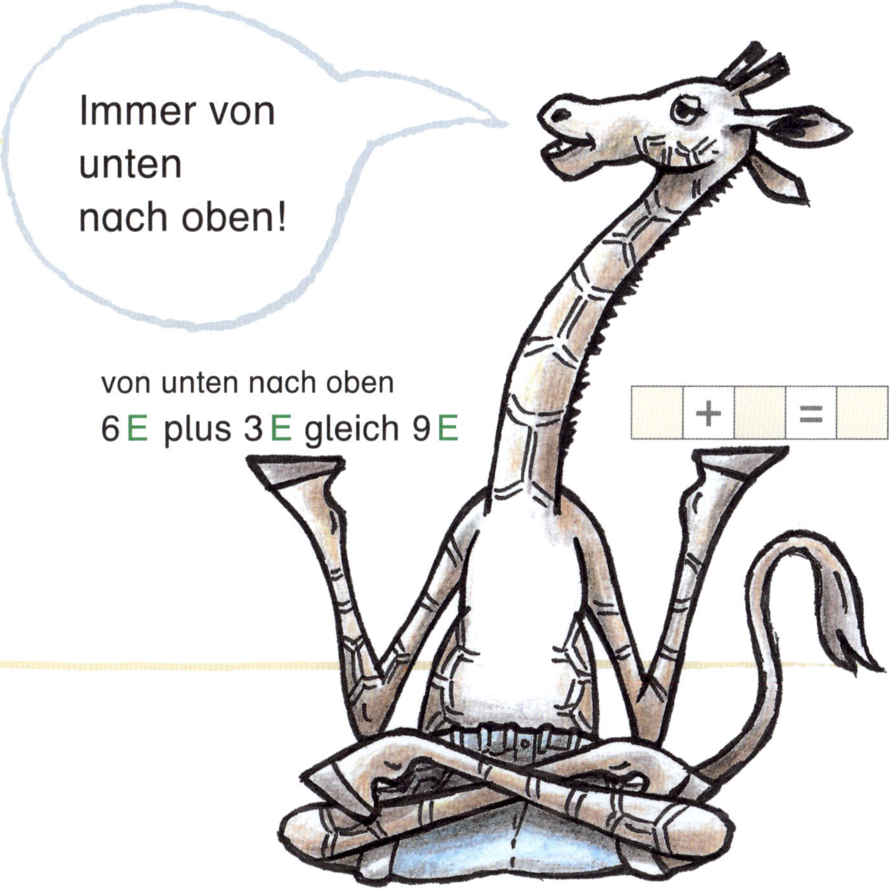

Immer von unten nach oben!

H	Z	E

von unten nach oben
6 E plus 3 E gleich 9 E

	+		=	

H	Z	E

von unten nach oben
2 E plus 4 E gleich 6 E

	+		=	

H	Z	E

von unten nach oben
4 E plus 3 E gleich 7 E

	+		=	

Lösungen: 8, 7, 6, 9

H	Z	E
	3	4
	2	3
	5	7

3 E plus 4 E gleich 7 E

und

2 Z plus 3 Z gleich 5 Z

Summe:

57

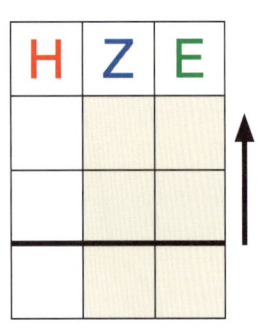

H	Z	E

7 E plus 1 E gleich 8 E

und

3 Z plus 6 Z gleich 9 Z

Summe:

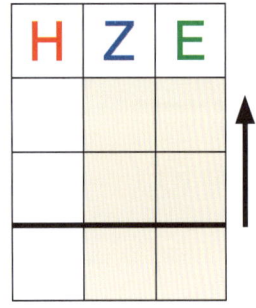

H	Z	E

5 E plus 2 E gleich 7 E

und

1 Z plus 4 Z gleich 5 Z

Summe:

H	Z	E

1 E plus 8 E gleich 9 E

und

7 Z plus 1 Z gleich 8 Z

Summe:

8

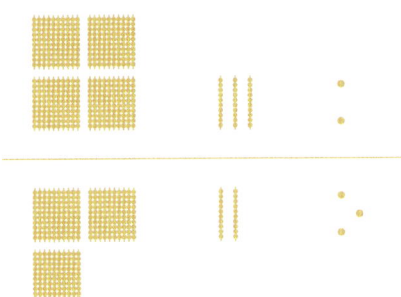

H	Z	E
4	3	2
3	2	3
7	5	5

3 E plus 2 E gleich 5 E

und

2 Z plus 3 Z gleich 5 Z

und

3 H plus 4 H gleich 7 H

Summe:

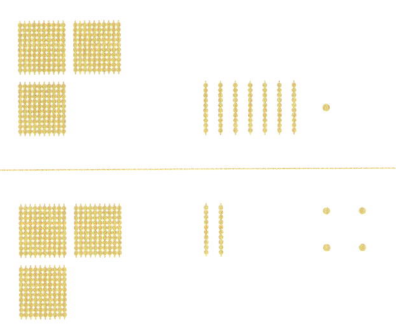

H	Z	E

5 E plus 4 E gleich 9 E

und

5 Z plus 1 Z gleich 6 Z

und

7 H plus 2 H gleich 9 H

Summe:

H	Z	E

4 E plus 1 E gleich 5 E

und

2 Z plus 7 Z gleich 9 Z

und

3 H plus 3 H gleich 6 H

Summe:

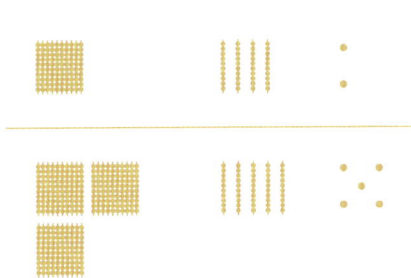

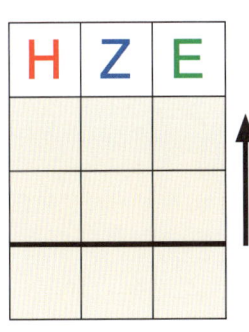

H	Z	E

5 E plus 2 E gleich 7 E

und

5 Z plus 4 Z gleich 9 Z

und

3 H plus 1 H gleich 4 H

Summe:

MERKE

Erst die Einer, dann die Zehner, dann die Hunderter und von unten nach oben!

	H	Z	E
	5	2	4
+	1	6	3
	6	8	7

Sprich so:

3 Einer plus 4 Einer gleich 7 Einer,
notiere 7

6 Zehner plus 2 Zehner gleich 8 Zehner,
notiere 8

1 Hunderter plus 5 Hunderter gleich 6 Hunderter,
notiere 6

	H	Z	E
	1	2	2
+	3	6	1
			3

1 Einer plus 2 Einer
gleich 3 Einer

6 Zehner plus 2 Zehner
gleich 8 Zehner

3 Hunderter plus 1 Hunderter
gleich 4 Hunderter

Summe: 483

	H	Z	E
	2	3	7
+	5	1	2

2 Einer plus 7 Einer
gleich 9 Einer

1 Zehner plus 3 Zehner
gleich 4 Zehner

5 Hunderter plus 2 Hunderter
gleich 7 Hunderter

Summe:

	H	Z	E
	3	4	8
+	2	3	1

1 Einer plus 8 Einer
gleich 9 Einer

3 Zehner plus 4 Zehner
gleich 7 Zehner

2 Hunderter plus 3 Hunderter
gleich 5 Hunderter

Summe:

	H	Z	E
	4	1	2
+	3	6	7

7 Einer plus 2 Einer
gleich 9 Einer

6 Zehner plus 1 Zehner
gleich 7 Zehner

3 Hunderter plus 4 Hunderter
gleich 7 Hunderter

Summe:

	H	Z	E
	2	1	3
+	4	3	4

4 Einer plus 3 Einer
gleich 7 Einer

3 Zehner plus 1 Zehner
gleich 4 Zehner

4 Hunderter plus 2 Hunderter
gleich 6 Hunderter

Summe:

Lösungen: 483, 647, 749, 779, 579

	H	Z	E
	4	2	4
+	2	5	3
	6	7	7

	H	Z	E
	3	2	6
+	4	5	3

	H	Z	E
	7	4	5
+	2	3	4

	H	Z	E
	5	3	7
+	3	6	2

	H	Z	E
	2	5	3
+	6	3	4

	H	Z	E
	8	2	3
+	1	3	6

	H	Z	E
	7	6	5
+	2	3	4

	H	Z	E
	4	3	1
+	5	2	1

☐ Recke und strecke dich nun – aber leise!

	H	Z	E
	3	4	8
+	1	5	1

	H	Z	E
	1	3	5
+	1	5	3

	H	Z	E
	6	4	4
+	2	3	3

	H	Z	E
	7	5	3
+	2	3	6

	H	Z	E
	1	1	1
+	1	2	3

	H	Z	E
	6	8	1
+	2	1	8

	H	Z	E
	5	7	3
+	3	2	4

	H	Z	E
	3	3	3
+	4	5	5

	H	Z	E
	4	1	7
+	3	8	2

MERKE

0 ist Nichts!
8 + 0 = 8

	H	Z	E
	4	6	3
+	2	2	0
	6	8	3

	H	Z	E
	7	0	8
+	1	7	1

	H	Z	E
	4	3	7
+	4	0	2

	H	Z	E
		3	2
+	8	1	7

	H	Z	E
	8	2	3
+		5	4

	H	Z	E
	7	3	0
+	1	2	0

	H	Z	E
	6	0	2
+	3	0	6

	H	Z	E
	3	0	3
+	4	2	0

	H	Z	E
	4	6	0
+	2	0	9

	H	Z	E
	8	1	0
+	1	0	5

	H	Z	E
	8	0	2
+		2	0

	H	Z	E
		3	8
+	1	6	1

	H	Z	E
	2	6	0
+	4	0	0

	H	Z	E
	8	0	1
+	1	3	0

	H	Z	E
	2	3	4
+			5

☐ Schließe die Augen und ruhe dich eine Weile lang aus!

	H	Z	E
		7	7
+	2	0	2

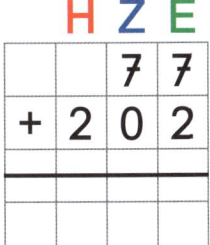

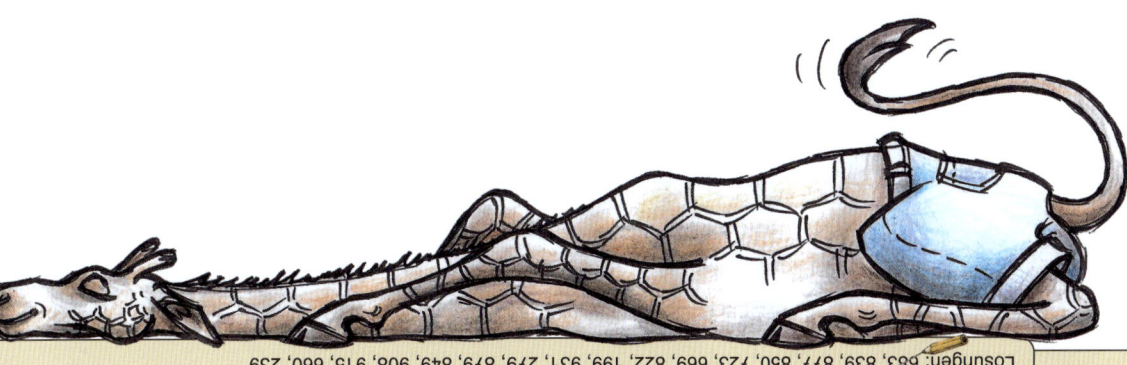

Lösungen: 683, 839, 877, 850, 723, 669, 822, 199, 931, 279, 879, 849, 908, 915, 660, 239

© sternchenverlag GmbH

Schreibe nun die Aufgaben richtig untereinander auf und rechne!

326 + 463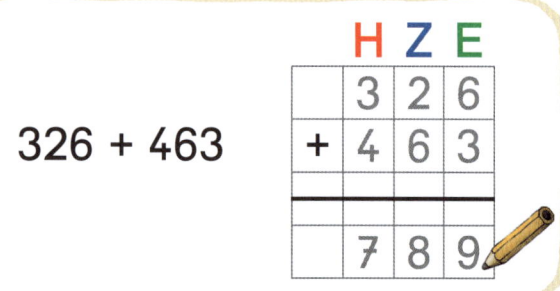

512 + 365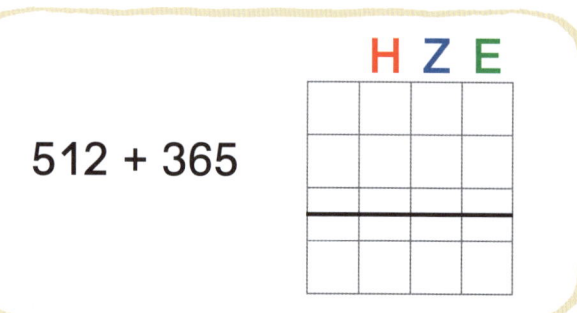

403 + 214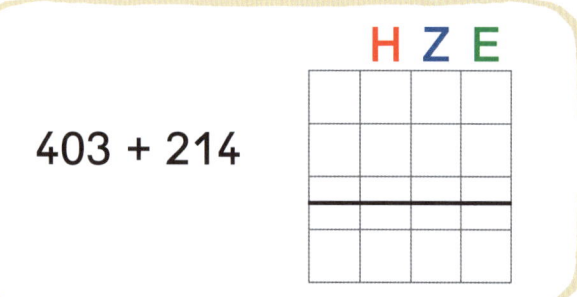

354 + 225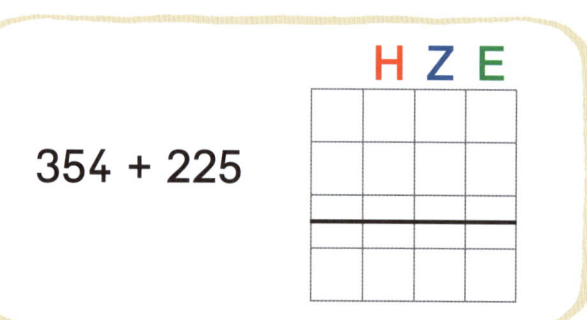

234 + 363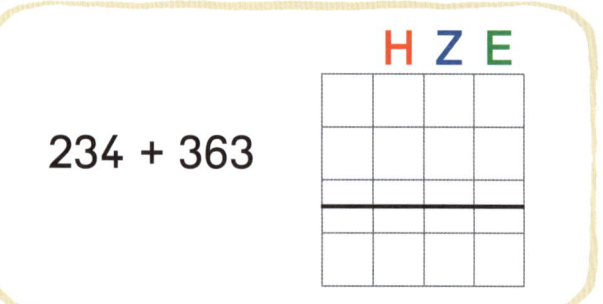

210 + 387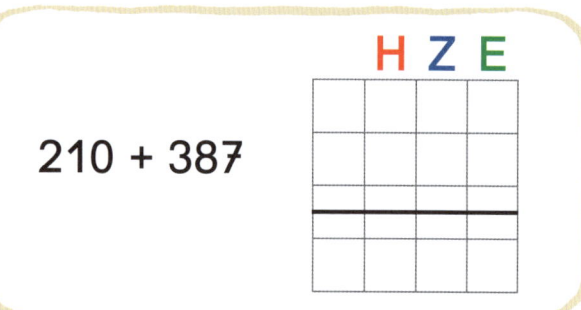

487 + 312

347 + 410

36 + 223

714 + 63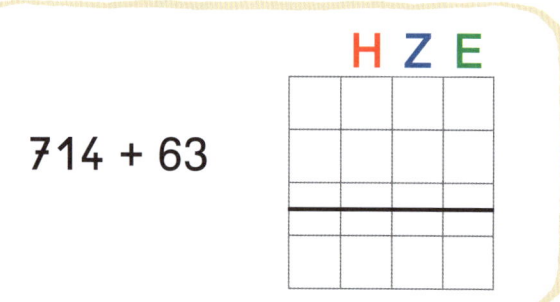

Lösungen: 789, 597, 757, 777, 597, 579, 877, 799, 617, 259

© sternchenverlag GmbH

410 + 264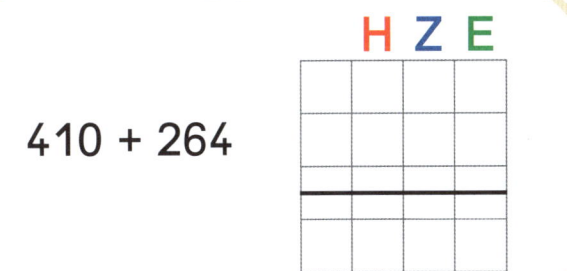

567 + 232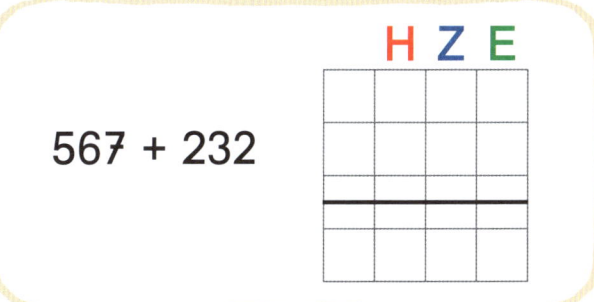

82 + 17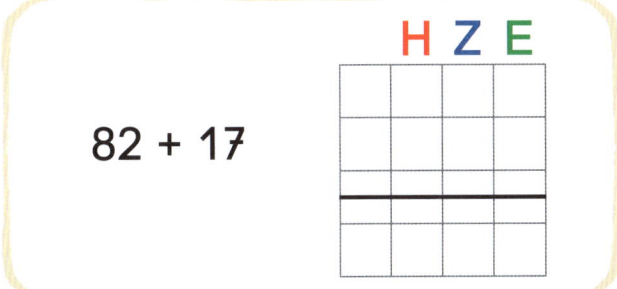

101 + 701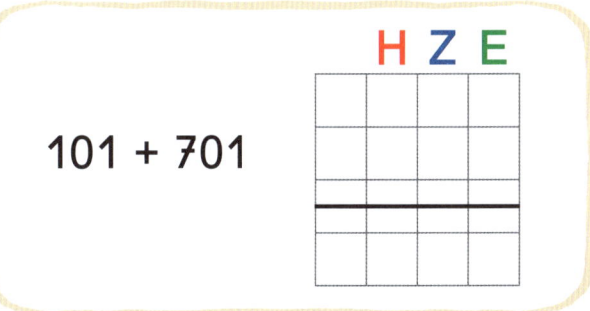

16 + 203

887 + 102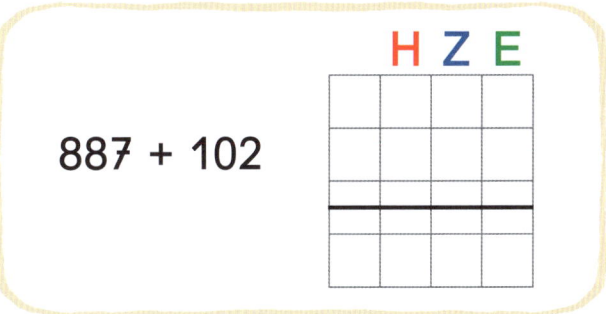

334 + 65

801 + 180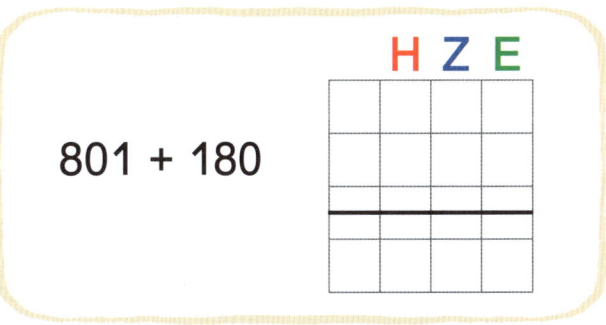

47 + 52

83 + 916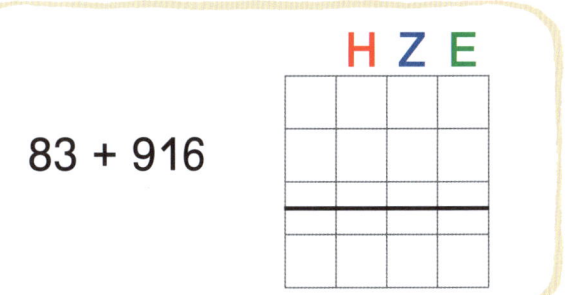

Tinten-klecks-aufgaben

H	Z	E
3	4	2
+ 1	2	4
4	6	6

H	Z	E
5	6	2
+ 1		4
6	9	6

H	Z	E
2	7	8
+	2	1
7	9	9

H	Z	E
4	3	
+ 3	2	6
7	5	8

Welche Ziffer fehlt?

Trage ein!

H	Z	E
3		4
+ 2	1	3
5	8	7

H	Z	E
	6	1
+ 6	2	7
8	8	8

H	Z	E
4		9
+ 2	2	0
6	9	9

H	Z	E
2	3	4
+ 6	5	
8	8	8

Nun fehlen zwei Ziffern.

Trage ein!

H	Z	E
4	6	1
+ 2		
6	8	6

H	Z	E
5	2	3
+		4
8	9	7

H	Z	E
7	0	
+ 2		4
9	6	8

H	Z	E
2		3
+ 7	6	
9	9	6

H	Z	E
3		
+ 4	7	1
7	7	2

H	Z	E
3		
+ 4	6	2
7	7	7

H	Z	E
		4
+ 6	1	3
8	4	7

H	Z	E
	3	2
+ 4	4	
5	7	6

Drei Ziffern fehlen.

Schaffst du das auch?

H	Z	E
3	2	4
+		
6	6	6

H	Z	E
7	2	
+		3
9	8	6

H	Z	E
8		
+	4	8
9	8	9

H	Z	E
+ 2	4	6
9	9	9

Lösungen: 124, 763, 444, 753, 234, 301, 225, 654, 264, 134, 233, 704, 432, 315, 704, 479, 263, 132, 521, 374, 261, 342, 374, 148, 723, 841

Schriftliches Addieren mit Übertrag

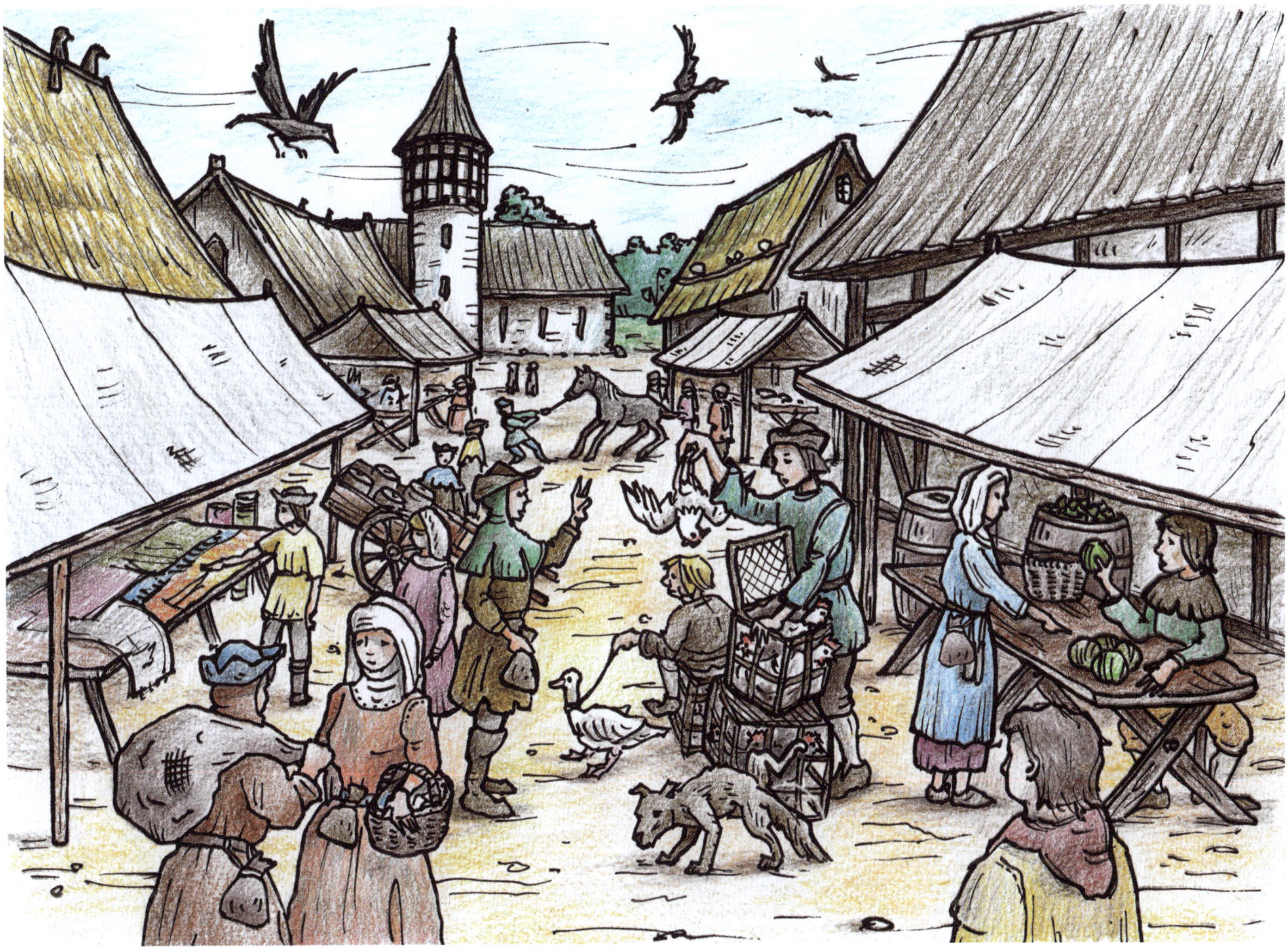

Vor ungefähr 3000 Jahren gab es noch kein Geld zum Bezahlen. Die Waren wurden getauscht, zum Beispiel ein Stück Stoff gegen zehn Eier. Später hat man Taler erfunden. Mit Talern, die aus Silber bestanden, konnte man Dinge kaufen. Man trug die Taler meistens in einem Säckchen bei sich. Irgendwann wurde das Säckchen aber zu schwer und man erfand das Papiergeld.
So bekam man zum Beispiel für zehn Taler einen Schein.
Somit war das Säckchen leichter zu transportieren.

Eine kleine Geschichte, damit du es besser verstehst.

☐ Kreise die Säckchen auf dem Bild ein! Wie viele findest du? ☐

Lösung: 4 Säckchen

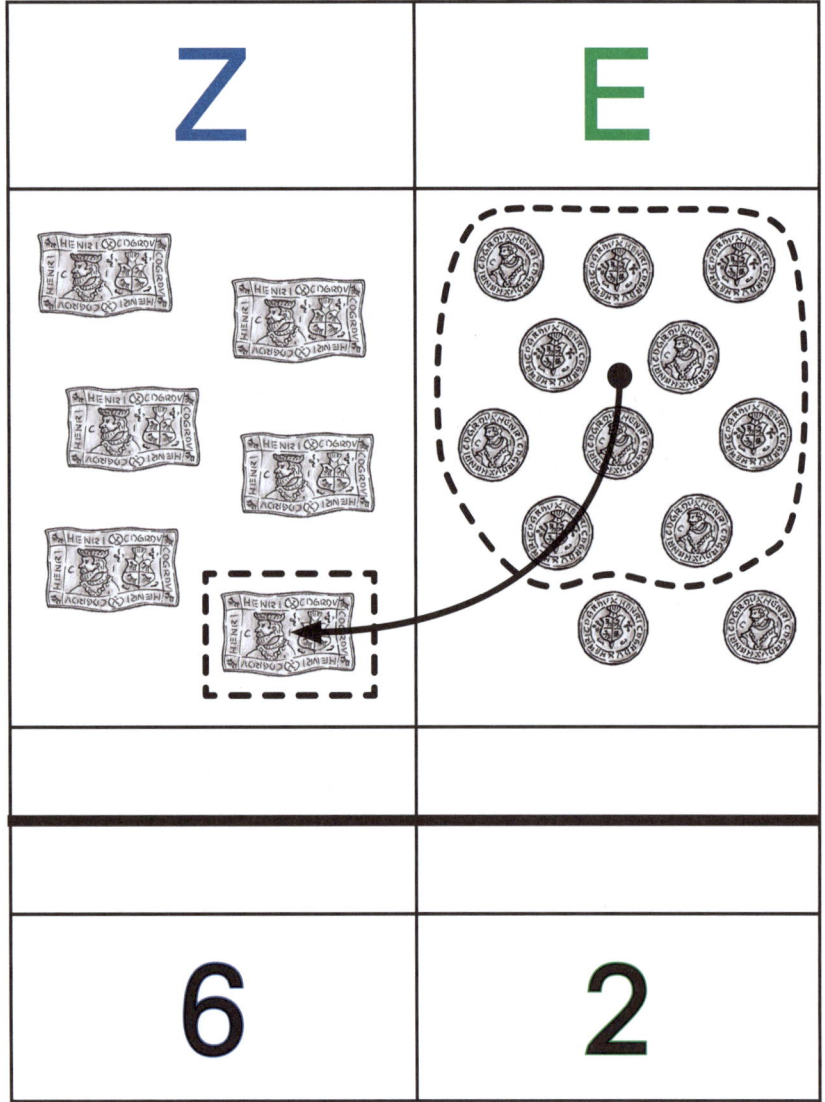

Z	E
6	2

Ich muss 10 Taler gegen

1 Schein tauschen.

2 Taler bleiben übrig.

Dann habe ich insgesamt

6 Scheine.

Später wurden noch weitere Scheine

erfunden. Du kannst dir sicherlich

vorstellen, wie schwer das Säckchen

dieser Aufgabe ohne die Scheine

gewesen wäre.

Und genauso tauscht man auch Einer gegen Zehner,

Zehner gegen Hunderter usw.

Was macht der Hund auf dem Bild, Seite 17? _____

Lösung: Der Hund pinkelt.

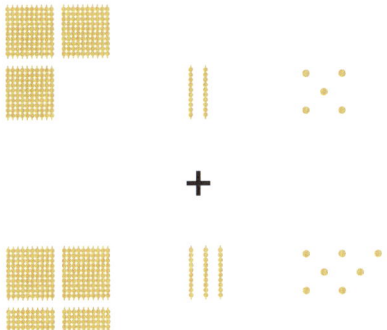

H	Z	E
3	2	5
4	3	7
	1	
7	6	2

7E + 5E = 12E
Ich tausche 10 E gegen 1 Z.
Ich behalte 2 E.
1Z + 3Z + 2Z = 6Z
4 H + 3 H = 7 H

Addiere schriftlich!

H	Z	E
	3	2	3
+	4	3	8
		1	
	7	6	1

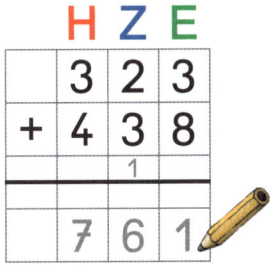

Summe: 761

H	Z	E
	4	1	6
+	3	2	5

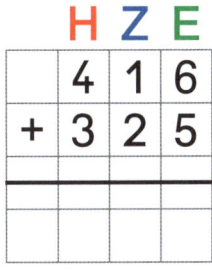

Summe:

H	Z	E
	8	2	9
+	1	2	4

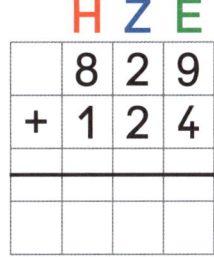

Summe:

H	Z	E
	1	2	6
+	6	2	7

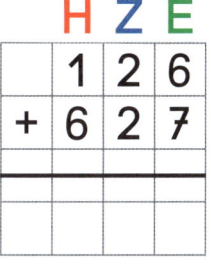

Summe:

H	Z	E
	3	7	3
+	3	1	9

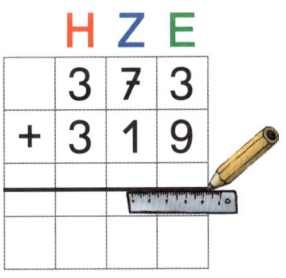

Summe:

H	Z	E
	4	2	6
+	5	4	6

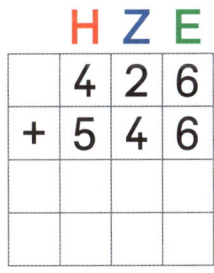

Summe:

H	Z	E
	7	3	9
+	1	1	3

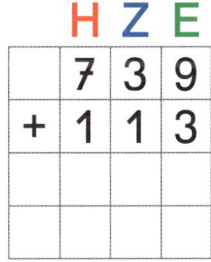

Summe:

H	Z	E
	5	0	9
+	4	1	6

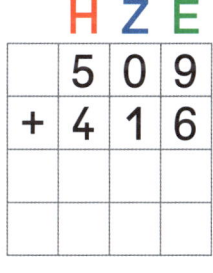

Summe:

H	Z	E
	2	6	5
+	7	1	8

Summe:

H	Z	E
	8	2	4
+	1	3	9

Summe:

H	Z	E
	2	1	9
+	7	6	2

Summe:

H	Z	E
	2	1	7
+	1	6	7

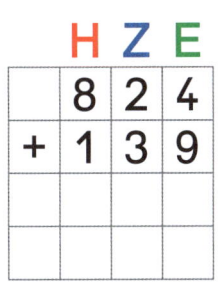

Summe:

Lösungen: 761, 384, 741, 972, 963, 925, 983, 692, 953, 852, 753, 981

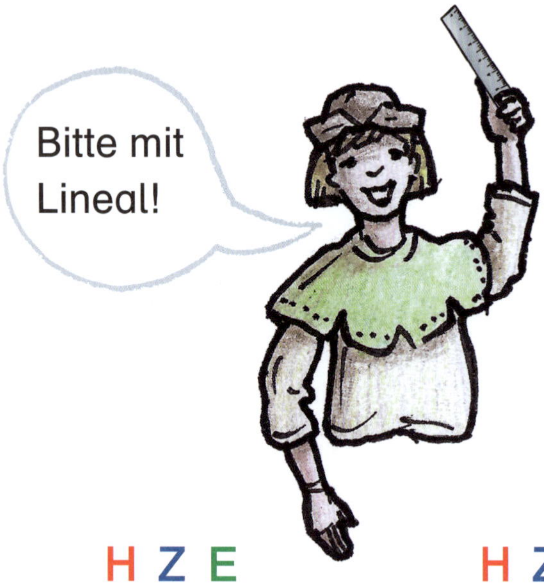

Bitte mit Lineal!

	H	Z	E
	5	6	8
+	2	1	3
		1	
	7	8	1

Summe: 781

	H	Z	E
	2	3	7
+	2	3	7

Summe:

	H	Z	E
	8	6	9
+	1	2	7

Summe:

	H	Z	E
	1	2	8
+	7	1	4

Summe:

	H	Z	E
	4	3	7
+	2	1	8

Summe:

	H	Z	E
	3	5	6
+	4	3	7

Summe:

	H	Z	E
	5	7	2
+	3	1	9

Summe:

	H	Z	E
	2	2	9
+	6	1	7

Summe:

	H	Z	E
	8	6	8
+	1	2	8

Summe:

	H	Z	E
	2	1	9
+	2	7	9

Summe:

	H	Z	E
	7	6	4
+	2	2	9

Summe:

	H	Z	E
	1	7	6
+	4	1	9

Summe:

	H	Z	E
	1	1	2
+	3	3	9

Summe:

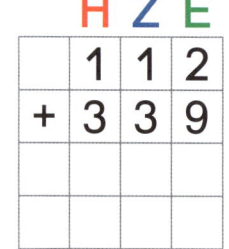

☐ Klopfe dir auf deine eigene Schulter und sage: „Ich bin gut!"

Lösungen: 781, 451, 498, 993, 595, 996, 793, 474, 842, 996, 655, 846, 891

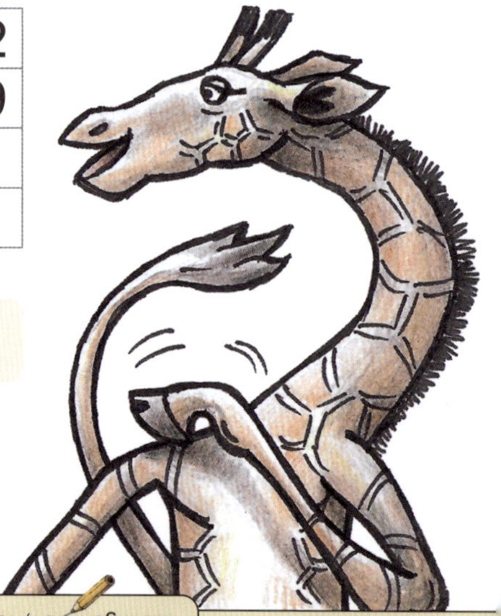

MERKE

Beim Rechnen mit der Null können
Fehler passieren.

Merke dir: 0 ist NICHTS!

$8 + 0 = 8$

Alle folgenden Aufgaben enthalten in der Aufgabe eine Null.
Kontrolliere sofort nach jeder Aufgabe, ob das Ergebnis richtig ist!

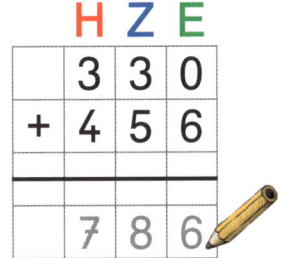

H	Z	E
3	3	0
+ 4	5	6
7	8	6

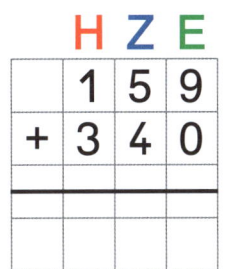

H	Z	E
1	5	9
+ 3	4	0

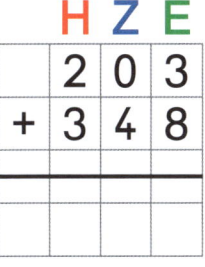

H	Z	E
2	0	3
+ 3	4	8

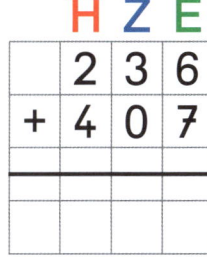

H	Z	E
2	3	6
+ 4	0	7

H	Z	E
1	1	0
+ 3	0	0

H	Z	E
7	0	1
+ 2	3	9

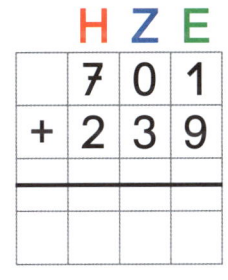

H	Z	E
2	0	6
+ 3	0	6

H	Z	E
3	0	4
+ 1	0	9

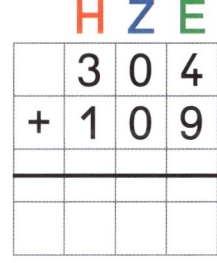

H	Z	E
6	4	6
+	3	7

H	Z	E
	5	8
+ 8	2	4

H	Z	E
	8	9
+ 4	0	3

H	Z	E
1	0	1
+ 8	0	9

Schreibe untereinander und addiere!

Addiere
436 und 326

```
    4 3 6
  + 3 2 6
      1
  -------
    7 6 2
```

Addiere
307 und 319

Berechne
das Doppelte
von 328

Berechne
das Doppelte
von 427

Addiere zu
326 noch 620

Addiere zu
479 noch 309

Berechne
die Summe aus
203 und 467

Berechne
die Summe aus
231 und 339

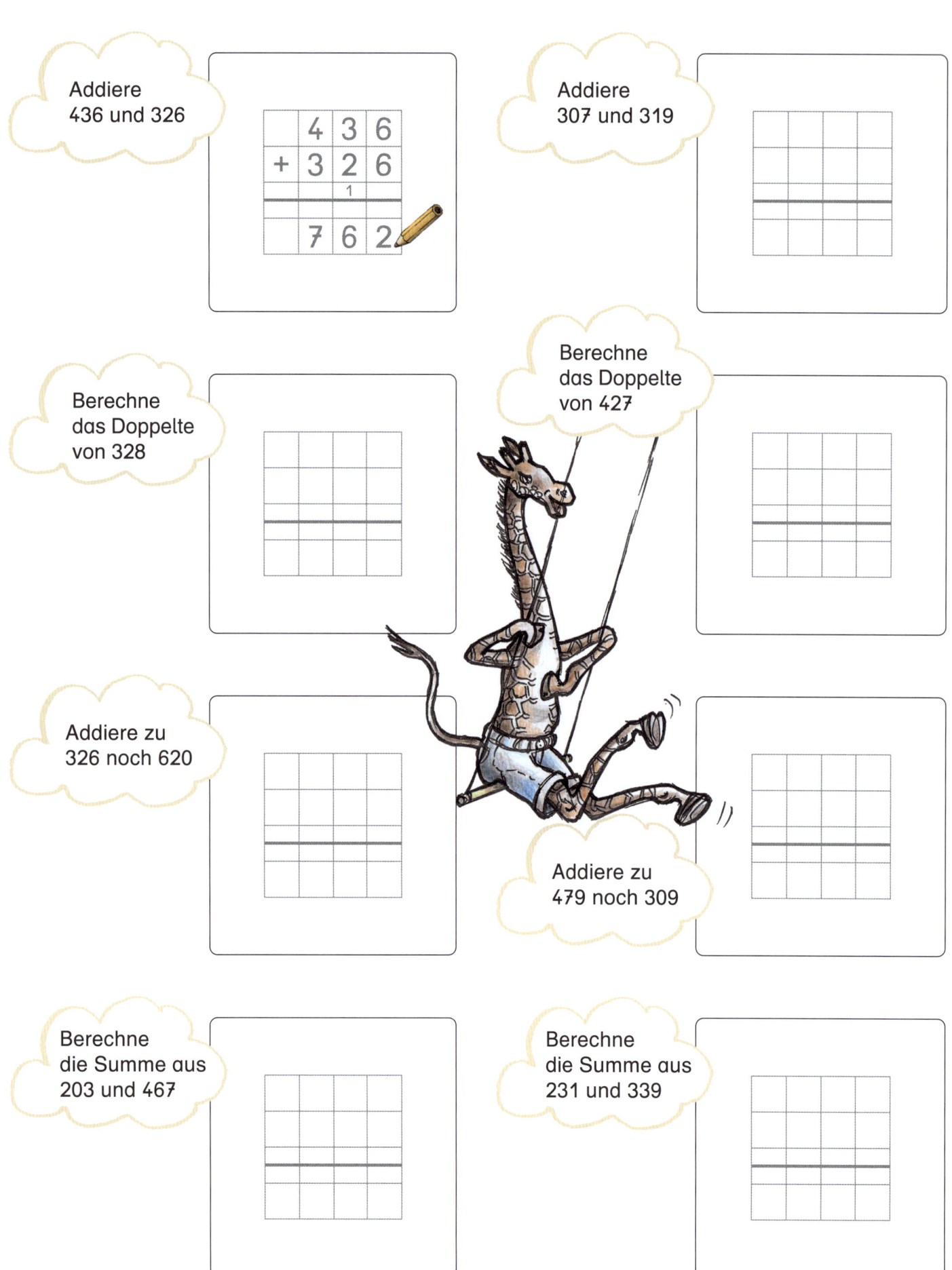

Lösungen: 762, 946, 670, 854, 626, 570, 788, 656

H	Z	E
3	2	1
2	1	3
+ 4	4	7
	1	
9	8	1

H	Z	E
1	1	3
2	3	4
+ 1	4	4

H	Z	E
1	1	7
2	4	1
+ 1	3	3

H	Z	E
3	2	7
4	3	3
+ 1	3	2

H	Z	E
2	3	9
2	4	6
+ 3	1	2

H	Z	E
3	1	5
4	6	8
+ 1	1	4

H	Z	E
2	1	7
3	1	3
+ 2	6	7

H	Z	E
1	2	8
3	1	8
+ 4	1	1

H	Z	E
2	3	9
2	3	2
+ 2	1	7

H	Z	E
2	1	1
2	1	8
+ 2	1	9

H	Z	E
3	4	7
2	1	6
+ 3	1	4

H	Z	E
1	3	1
2	3	9
+ 2	1	8

H	Z	E
1	1	7
1	1	7
+ 4	4	2

H	Z	E
2	3	9
4	2	2
+ 2	2	2

H	Z	E
7	2	8
1	1	7
+ 1	4	4

H	Z	E
6	3	3
1	1	7
+ 1	4	3

MERKE

Addition:

Summand + Summand = Summe

Nun tauschst du nicht nur zehn Einer in einen Zehner, sondern auch noch zehn Zehner in einen Hunderter.

☐ Massiere vorher sanft deine Ohren!

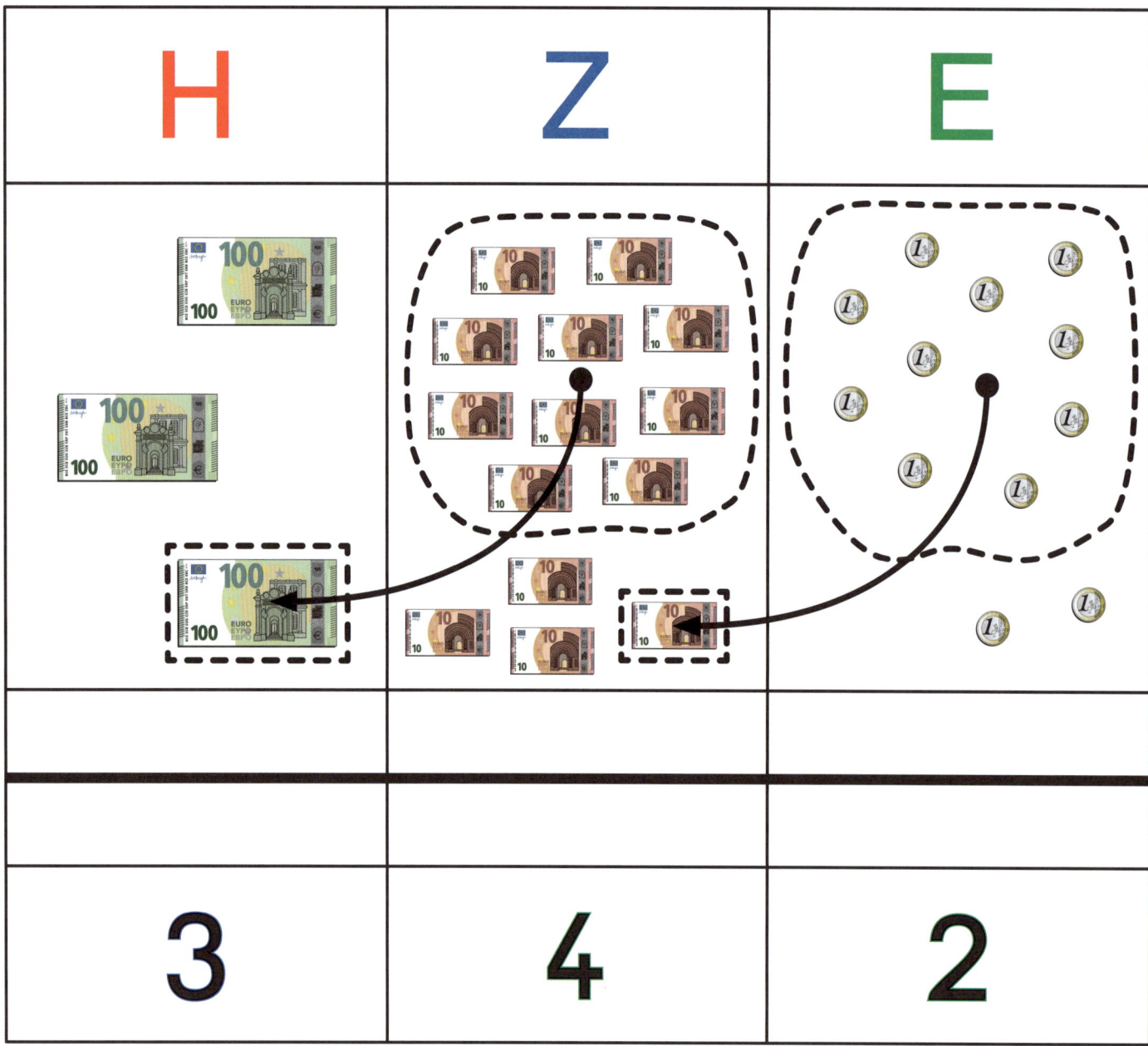

H	Z	E
3	4	2

Ich muss zehn 1-Euro-Stücke in einen 10-Euro-Schein tauschen. Zwei 1-Euro-Stücke bleiben übrig. Dann habe ich insgesamt 14 10-Euro-Scheine. Zehn 10-Euro-Scheine tausche ich nun gegen einen 100-Euro-Schein. Dann habe ich insgesamt drei 100-Euro-Scheine.

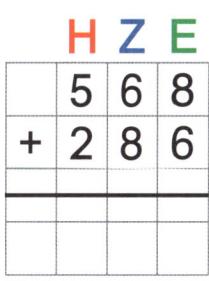

H	Z	E
2	3	4
+ 3	9	8
_1_	_1_	
6	3	2

H	Z	E
	4	6	4
+ 1	7	8

H	Z	E
1	9	5
+ 5	4	7

H	Z	E
5	6	8
+ 2	8	6

H	Z	E
3	8	7
+ 2	3	5

H	Z	E
7	6	5
+ 1	6	6

H	Z	E
2	5	2
+ 2	5	9

H	Z	E
3	7	7
+ 1	8	6

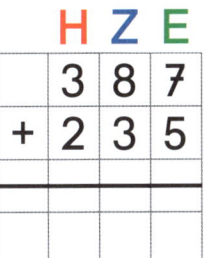

H	Z	E
2	9	9
+ 1	8	8

H	Z	E
3	8	7
+ 3	7	8

H	Z	E
4	7	2
+ 1	3	9

H	Z	E
7	3	8
+ 1	8	3

☐ Stelle dich auf ein Bein, schließe die Augen und zähle bis fünf!

H	Z	E
1	5	6
+ 2	5	6

H	Z	E
3	8	6
+ 1	7	6

H	Z	E
2	4	4
+ 6	6	7

H	Z	E
1	9	2
+ 4	8	9

H	Z	E
1	6	2
+ 4	6	9

H	Z	E
8	1	7
+ 1	8	4

H	Z	E
1	6	5
+ 7	6	6

H	Z	E
1	3	4
+ 6	8	8

Weißt du noch?

Addition: _____ + _____ = _____

Vorsicht mit der Null!

H	Z	E
1	0	8
+ 5	9	3
1	1	
7	0	1

H	Z	E
	4	5	2
+ 2	4	8

H	Z	E
6	0	1
+ 2	9	9

H	Z	E
2	8	6
+ 7	1	4

H	Z	E
3	0	7
+ 1	9	7

H	Z	E
4	9	1
+ 4	0	9

H	Z	E
3	0	7
+ 5	9	3

H	Z	E
4	2	2
+ 3	8	8

H	Z	E
	2	9
+ 7	7	1

H	Z	E
6	2	4
+	9	6

H	Z	E
4	9	1
+ 2	0	9

H	Z	E
3	9	7
+	1	7

☐ Stehe leise auf und mache drei Kniebeugen!

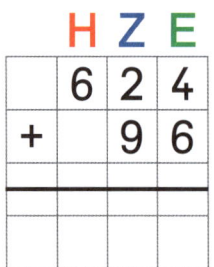

Lösungen: 701, 414, 900, 720, 700, 900, 800, 900, 504, 810, 700, 1000

Denke dir zwei Zahlen zwischen 0 und 500 aus: _____ _____

Addiere deine Zahlen!

H	Z	E
+		

Wie lautet die Summe?

Nochmal!

Zwei neue Zahlen: _____ _____

Addition:

H	Z	E
+		

Summe:

Addiere die Hälfte von 270 mit der Hälfte von 896!

Deine Summanden lauten: _____ _____

Schreibe untereinander und rechne!

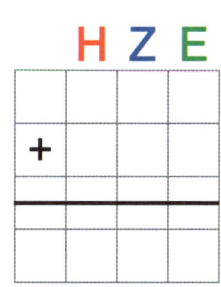

H	Z	E
+		

Deine Summe lautet:

H Z E

H	Z	E
3	2	8
2	4	3
+ 3	6	2
	1	1
9	3	3

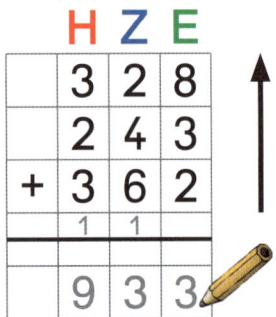

H	Z	E
1	3	9
4	7	9
+ 2	7	1

H	Z	E
1	5	3
1	2	6
+	6	5

H	Z	E
3	2	7
2	1	8
+ 3	9	3

H	Z	E
3	5	5
1	6	6
+ 4	3	4

H	Z	E
1	2	3
	6	4
+ 7	7	5

H	Z	E
1	4	1
2	3	6
+ 3	5	7

H	Z	E
1	1	9
3	7	1
+ 3	7	8

H	Z	E
5	1	1
2	9	9
+ 1	3	2

H	Z	E
1	2	4
1	8	6
+ 3	2	6

H	Z	E
3	3	1
1	2	3
+ 2	7	7

H	Z	E
1	2	3
4	5	6
+ 1	7	6

H	Z	E
2	7	7
3	8	8
+ 1	1	1

H	Z	E
1	7	7
1	6	6
+ 1	3	3

H	Z	E
5	8	4
1	2	3
+ 1	2	6

H	Z	E
2	9	9
3	8	8
+ 2	1	1

Kati hat 320 Murmeln gesammelt.
Kai schenkt ihr noch 48 dazu.
Frage: Wie viele Murmeln besitzt Kati nun?

Rechnung:

H Z E

H	Z	E
+		

Antwort: _____

Schreibe einen ganzen Satz!

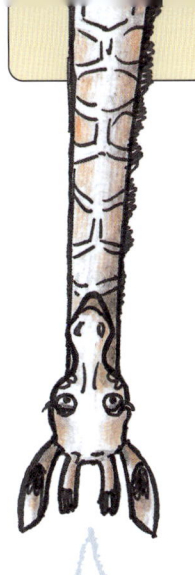

H	Z	E
3	2	9
3	9	8
+ 1	9	5
2	2	
9	2	2

H	Z	E
1	4	9
2	7	7
+ 3	9	6

H	Z	E
1	1	6
4	2	6
+ 3	6	8

Das schaffst du!

H	Z	E
1	1	9
2	5	8
+ 2	3	7

H	Z	E
3	9	9
1	8	8
+ 2	6	6

H	Z	E
1	9	8
2	7	7
+ 3	8	6

194 + 322 + 312

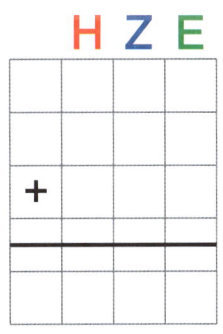

219 + 986 + 284

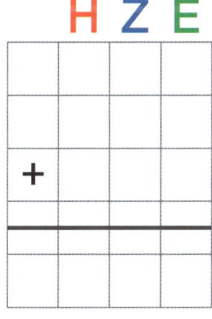

24 + 683 + 53

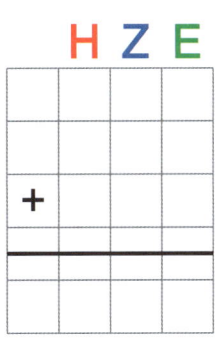

225 + 176 + 601

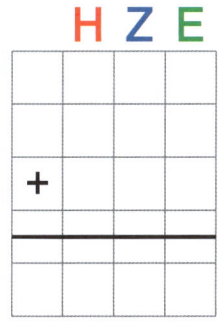

Nun mit 4 Summanden!

```
    2 9 9
  + 2 6 7
  +   6 9
  +   3 9
  ─────────
      2 3
  ─────────
    6 7 4
```

```
      2 8
  + 1 2 3
  + 3 6 7
  + 1 4 2
  ─────────
```

```
      4 9
  + 1 1 1
  + 1 3 0
  + 6 2 1
  ─────────
```

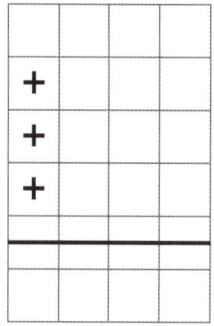

```
      9 7
  + 1 8 9
  +   9 9
  + 1 6 8
  ─────────
```

```
    2 1 9
  +   2 3
  + 4 7 2
  + 1 4 8
  ─────────
```

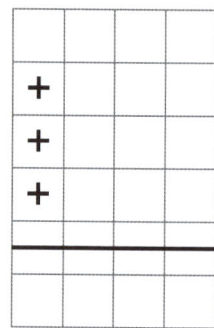

```
    3 9 8
  +   1 8
  + 2 9 8
  +   7 7
  ─────────
```

391 + 107 + 143 + 288

312 + 79 + 63 + 19

Nun mit 5 Summanden!

311 + 97 + 84 + 76 + 217

419 + 28 + 266 + 11 + 117

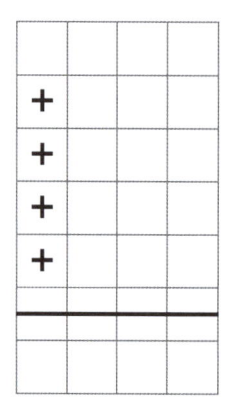

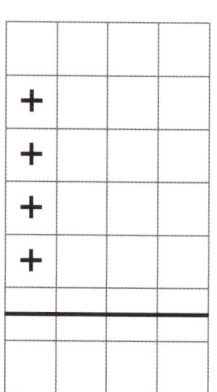

Kontrolliere nach jeder Aufgabe!
Hake ab oder schreibe ein „f" in das Kästchen!

Achtung mit der Null!

```
    3 2 0          1 0 4          6 0 3          4 7 0
  + 1 8 0        + 7 0 6        + 2 7 0        + 2 3 7
  ¹
    5 0 0
```

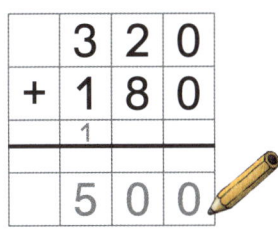

☑   ☐   ☐   ☐

```
    8 1 9          6 7 0          5 0 9          6 2 3
  +   9 1        + 1 0 3        + 2 1 1        + 1 0 8
```

☐   ☐   ☐   ☐

```
    3 2 0          4 1 3          2 8 4          1 8 2
  + 2 7 1        + 1 0 6        +   1 1        + 6 0 6
  + 1 0 9        + 2 0 1        + 4 1 5        +   1 2
```

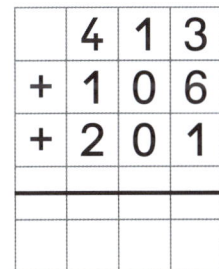
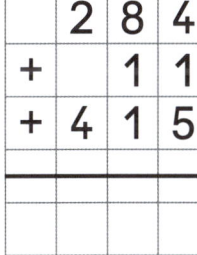

☐   ☐   ☐   ☐

```
    2 0 6          1 2 2          1 0 2
  + 3 0 6        + 4 1 2        + 2 1 3
  + 1 9 2        +   3 2        + 3 6 2
  + 2 0 3        + 1 2 4        + 1 2 3
```

War das anstrengend?

ja ☐   nein ☐

☐ Atme zehnmal tief ein und aus!

☐   ☐   ☐

Aufgabe mit ___✏ Summanden

Das schaffst du!

H	Z	E
	2	3
	4	6
	3	1
	7	8
1	0	1
	2	2
	1	7
		8
1	0	2
	3	5
	2	1
		7
	3	9
	7	8
2	3	8
	5	6
+	8	4

Summe: _____

Nun du !
Löse eine Additionsaufgabe mit 20 Summanden!

21+43+76+104+18+7+44+189+88+6+13+55+81+59+11+7+24+101+46+2

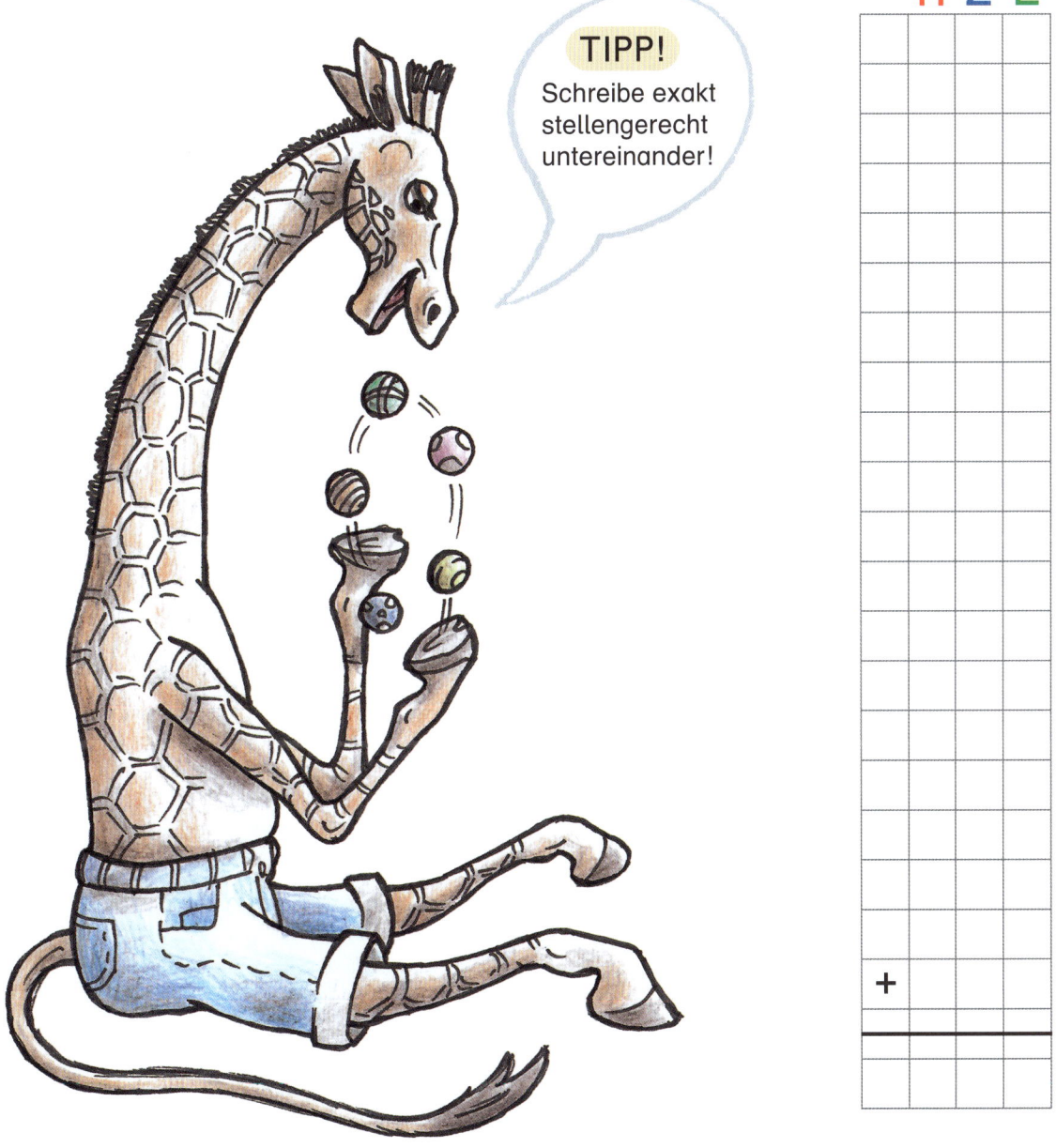

TIPP!
Schreibe exakt
stellengerecht
untereinander!

H Z E

+

Summe: _____

Ordne!

5

Wie viel Geld ist im Portemonnaie?

 Melina  Valentin  Philine

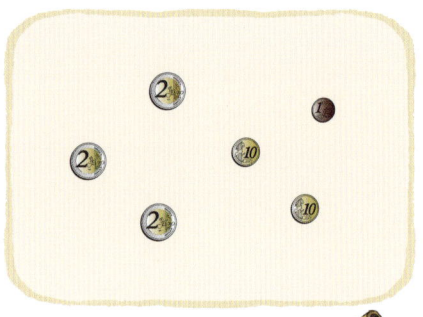

6€ 21ct

_____

_____

 Lasse  Til  Anna

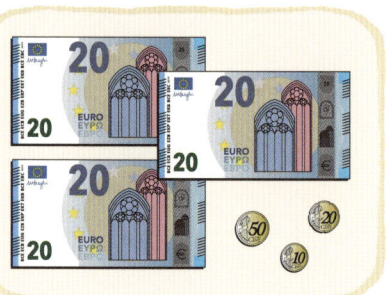

_____

_____

_____

Hast du eine Spardose?

☐ ja   ☐ nein

Wie viel Taschengeld bekommst du?

_____

Lösungen: 6€ 21ct, 200€, 50€ 38ct, 60€ 80ct, 25€ 53ct, 155€ 2ct

© sternchenverlag GmbH

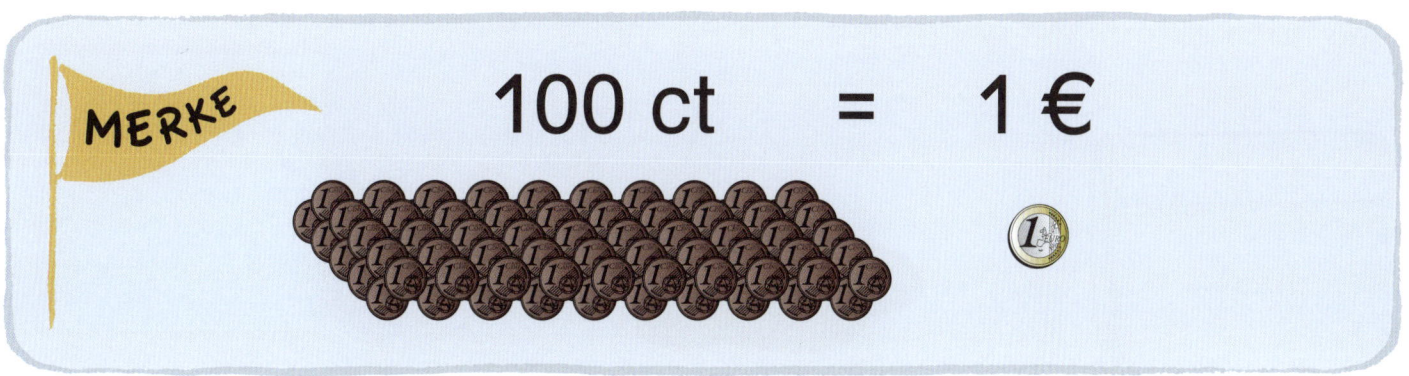

MERKE   100 ct   =   1 €

Ordne der Größe nach!   Beginne mit dem kleinsten Geldbetrag!

1 ⌀ 0 € 31 ct

◯ 3 30 ct

◯ 3 € 31 ct

◯ 13 € 3 ct

◯ 13 € 31 ct

◯ 303 ct

Ist genug Geld im Portemonnaie?

3 € 34 ct

3,43 €

ja ☐   nein ☐

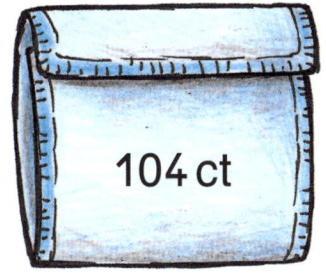

104 ct

10 € 4 ct

ja ☐   nein ☐

Und noch einmal: Ist genug Geld im Portemonnaie?

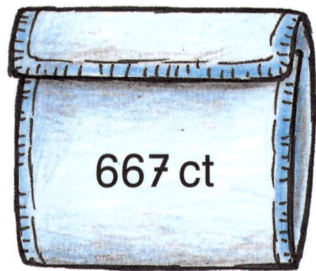

66 € 99 ct

ja ☐   nein ☐

667 ct

0,50 €

ja ☐   nein ☐

50 ct

Wandle um!

5,73 € =   ___5___ €   ___70___ ct   ___3___ ct

4,20 € =   _____ €   _____ ct   _____ ct

8,88 € =   _____ €   _____ ct   _____ ct

11,01 € =   _____ €   _____ ct   _____ ct

5,06 € =   _____ €   _____ ct   _____ ct

9,00 € =   _____ €   _____ ct   _____ ct

© sternchenverlag GmbH

Lösungen: 5,73€=5€/70ct/3ct; 8,88€=8€/80ct/8ct; 9,00€=9€/0ct/0ct; 11,01€=11€/0ct/1ct;
5,06€=5€/0ct/6ct; 4,20€=4€/20ct/0ct; 676ct/666€99ct=nein; 50ct/0,5€=ja

Schreibe die Beträge als Kommazahl!

373 € 50 ct = _373,50_ €   76 € 3 ct = _____ €

30 € 30 ct = _____ €   100 ct = _____ €

45 ct = _____ €   607 ct = _____ €

111 ct = _____ €   50 € 2 ct = _____ €

Übe mit der Null!

462 € 6 ct = _____ €   232 € 2 ct = _____ €

101 € 11 ct = _____ €   101 € 1 ct = _____ €

Schreibe die Beträge als Kommazahl!

89 € + 10,90 €   →   Überschlag [100,00] €

72 € + 28,70 €   →   Überschlag [   ] €

399 € + 48,90 €   →   Überschlag [   ] €

36,59 € + 31,81 €   →   Überschlag [   ] €

9,36 € + 4,76 €   →   Überschlag [   ] €

8,28 € + 4,96 €   →   Überschlag [   ] €

41,83 € + 26,58 €   →   Überschlag [   ] €

2,50 € + 3,30 € + 1,12 € → Überschlag [   ] €

12,88 € + 6,95 € + 9,97 € → Überschlag [   ] €

10,14 € + 34,13 € + 6,20 € → Überschlag [   ] €

Lösungen: 373,50 €; 100,00 €; 1,11 €; 30,30 €; 0,45 €; 76,03 €; 1,00 €; 6,07 €; 50,02 €; 462,06 €; 101,01 €; 232,02 €; 101,11 €; 450,00 €; 100,00 €; 13,00 €; 50,00 €; 69,00 €; 69,00 €; 15,00 €; 30,00 €; 7,00 €

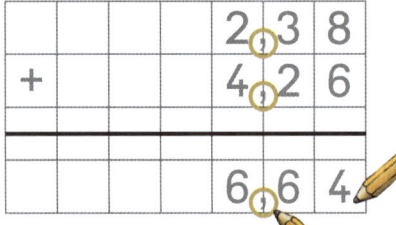

Komma unter Komma

Wenn du Beträge genau ausrechnen willst, musst du die Beträge so untereinanderschreiben, dass Komma unter Komma steht.

$$5,78 + 3,26$$

```
  5 , 78
+ 3 , 26
─────────
  9 , 04
```

Auch das Komma im Ergebnis steht genau darunter.

Regel verstanden? ja ☐ nein ☐

Rechne und kreise danach das Komma ein!

2,38 + 4,26	5,76 + 2,82	3,21 + 4,13

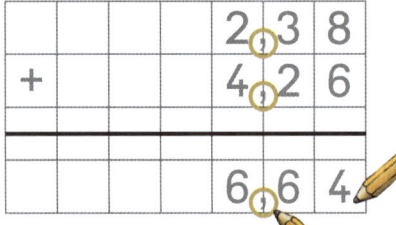
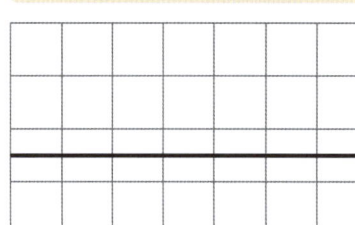
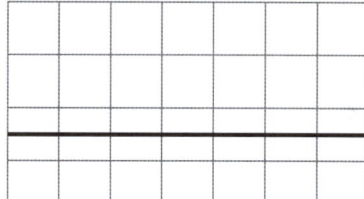

5,24 + 13,03	126,04 + 20	50 + 73,00

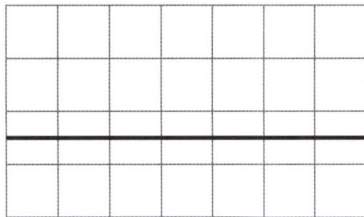
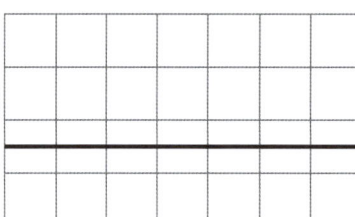
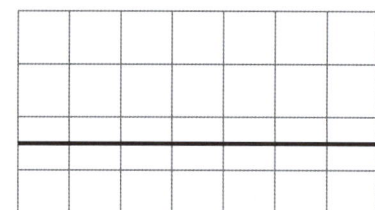

76 + 24	83,81 + 0,15	23,23 + 0,53

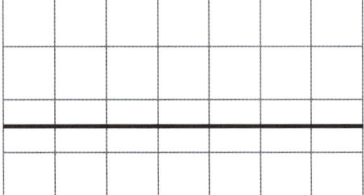
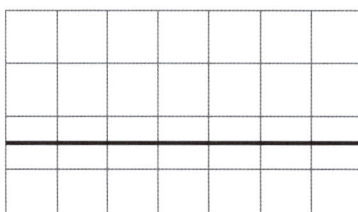
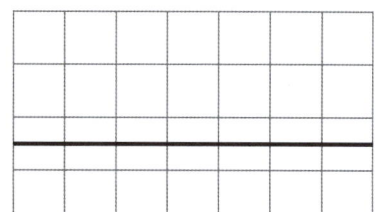

MERKE
40 = 40,0   Nun du!   3 = _____   72 = _____
20 = 20,0   8 = _____   101 = _____